ÉTUDE

SUR LES TACHES MÉTALLIQUES DE LA CORNÉE.

Par M. le Dr E. HECKEL.

Professeur (chargé de cours) à l'École supérieure de Pharmacie de Montpellier.

Traitement de cette affection par les dissolvants chimiques.

> « La totalité de la matière médicamenteuse empruntée par
> les tissus n'est cependant pas toujours restituée; il en est
> une partie qui se fixe à l'état *insoluble* dans l'interstice
> des éléments, qui demeure seule au milieu du renouvelle-
> ment de tout ce qui l'entoure et qui constitue là de véritables
> gisements métalliques. » (Gübler.)

De toutes les affections dont la cornée peut être le siége, il n'en
est pas une qui ait été moins méthodiquement étudiée que celle qui
fait l'objet de ce travail. — A quelles causes peut-on attribuer le dé-
dain ou l'éloignement que cette question, cependant pleine d'intérêt,
semble avoir inspiré aux observateurs? Si ce n'est l'exiguité du sujet qu'il convient d'incriminer, ce n'est certainement pas au petit nombre de cas qui peuvent se présenter dans la pratique qu'on doit en
reporter la faute. J'ai la conviction que les cliniques de Paris reçoi-
vent annuellement un grand nombre des sujets atteints, et la province
est à ce point de vue encore plus privilégiée que la capitale, en raison de la moins grande diffusion en dehors des grands centres des
hommes voués à l'étude spéciale de l'oculistique. — Pour ce qui me
concerne, il me souvient très-bien d'avoir observé pendant l'année
1865, à la clinique de Desmarres fils, un nombre plus que suffisant
de taches métalliques pour en permettre une étude consciencieuse,
et je n'ai point oublié les recommandations fréquentes faites par le
maître de n'employer jamais le collyre plombique dans les cas *de
kératites ulcéreuses*. — C'est depuis cette époque que mon attention
s'est plus particulièrement portée sur ce sujet délaissé. Je présente
donc le résultat de huit années d'observations et d'expérimentations
diverses; je m'efforcerai d'en rendre l'exposé le moins aride possible, mais on n'oubliera pas que le sujet même emporte avec lui cette

...arıdité. Je considère ce travail comme suffisamment mûr aujour-
d'hui, non-seulement parce qu'il a été longuement couvé, mais encore parce que mes dernières recherches, par les conclusions prati-
ques auxquelles elles m'ont conduit, me permettent de mettre en
relief, une fois de plus, toute l'importance des *méthodes iatrochimiques* trop longtemps dédaignées des thérapeutes, même les plus
accrédités.

Historique. — Les oculistes anciens ne se sont jamais occupés
des accidents qu'ils pouvaient déterminer par l'emploi peu judicieux
des fameux collyres, qui étaient le plus souvent toute leur ressource
contre des affections qu'ils ne connaissaient pas. S'ils eurent notion
de leur fâcheuse influence, ils se gardèrent bien de le reconnaître,
on comprend pourquoi. La mauvaise foi, l'intérêt et l'ignorance, ces
trois ennemis irréconciliables du progrès, se donnèrent la main,
comme toujours, pour retarder bien longtemps la connaissance d'un
mal fâcheux. Le traitement des inflammations de l'œil était, du
reste, entièrement conforme aux doctrines régnantes, et, on le sait,
l'anatomie des différentes parties du globe oculaire resta longtemps
grossière et défectueuse, attendant des notions que le microscope
seul pouvait donner. De ces connaissances à peine ébauchées devait
naturellement résulter une thérapeutique aveugle qui, on le comprend sans peine, ne pouvait manquer d'être irrationnelle, quand il
s'agissait de ce groupe encore mal défini aujourd'hui qui se compose
de toutes les variétés peu connues de *kératites*.

Le mode de formation du tissu cicatriciel de la cornée était également mal étudié et les phases de réparation de cet organe restèrent
bien longtemps ignorées : ces connaissances avaient cependant une
importance capitale pour l'institution de tout traitement rationel.
Servie par des agents chimiques sans valeur, la vieille médication
substitutive, malgré les ravages qu'elle devait produire dans certains
cas, restait en honneur par cela même qu'elle concordait avec les
doctrines dominantes. Quoi qu'il arrivât, le doute ne pouvait se glis-
ser dans l'esprit du médecin qui avait reçu de ses devanciers une
formule trois fois séculaire. Après l'emploi des collyres secs ou
humides, une ophthalmie étant menée à récipiscence, survenait-il
une *taie*, personne ne se demandait si la substance souveraine n'é-
tait pas cause du dommage causé, et bien audacieux eût été celui
qui se serait permis de mettre en suspicion la valeur indiscutée et
indiscutable des préparations qui avaient nom : *isotheon ; lotio su-
blima, divina, perfecta*, etc.

Dans cet antique héritage dont les premiers rudiments remon-
taient aux oculistes romains de l'empire, tout était l'objet d'une pro-

fonde vénération, et ce sentiment fut le seul auquel on se livra sans réserve pendant de longues années. Au xviiie siècle, l'oculistique avait pris un certain essor, mais l'observation sommeillait sous les efforts d'une compression systématique qui prétendait paralyser les tendances de l'esprit humain, et d'autre part le rigorisme des méthodes scientifiques qui allait éclore avec l'ère d'émancipation qui marque la fin de ce siècle était loin de donner de bien vives espérances au début. Jusque-là l'ambition de la clientèle *urbi et orbi* resta la seule préoccupation des oculistes qui se firent le plus remarquer dans ces époques d'empirisme, et toute leur activité se consuma à étendre sur les continents une réputation usurpée qu'ils devaient uniquement soit à leur audace, soit à leurs talents de prestidigitateurs. C'est à ces temps de ténèbres qu'il faut faire remonter l'apparition de ces oculistes nomades qui, avec quelques variantes, se sont perpétués jusqu'à nos jours et que l'Académie a dû dernièrement dénoncer à la réprobation générale du corps médical.

Cependant, à côté des pîtres forains qui remplirent l'Europe de leurs prouesses, on distingue, dès 1703, des chirurgiens humbles, habiles et consciencieux, qui attachèrent leur nom à des travaux assez sérieux pour être fructueusement consultés aujourd'hui même, et pour servir de guide aux expérimentateurs modernes. Malheureusement, dans cette science, tout était à créer sur de nouvelles bases, et on conçoit que les grandes questions aient attiré plus particulièrement l'attention des premiers observateurs. Aussi voyons-nous l'étude des taches métalliques de la cornée rester entièrement dans l'oubli. Ni maître Jean, ni Saint-Yves, ni Anel, ni Janin, ni J.-L. Petit, le plus grand de tous, ni enfin Daviel n'en font mention dans leurs écrits.

A la fin du xviiie siècle, Scarpa, qui donna un si grand éclat à l'enseignement de l'oculistique, et qui publia un livre si remarquable pour son époque, reste muet sur cette singulière affection, qu'il ne soupçonnait certainement point quand il recommandait, à l'imitation de ses devanciers, l'usage des astringents *plombiques* et *zinciques* contre l'ULCÈRE DE LA CORNÉE, et cela sans admettre aucune exception. En somme, il est permis de dire, tout en reconnaissant le mérite de ce grand oculiste, que Scarpa, en abusant du fameux collyre qui porte son nom, a fait vraisemblablement, au point de vue qui nous occupe, plus de victimes que de cures. Wittelm-Benedict, en 1811; John Cunningham-Saunders, 1816; Himly, même date; Langenbeck, 1818; Demours, Quadri, même époque, n'en laissent aucune trace dans leurs divers traités des maladies des yeux: enfin Ch.-H.

Weller, qui est cité par Desmarres père (1) comme ayant signalé les fâcheuses conséquences de l'emploi simultané du sous-acétate de plomb et du laudanum, reste tout aussi muet sur la matière.

Tous mes efforts faits en vue de reconnaître à cet oculiste d'outre-Rhin la priorité de cette connaissance sont restés vains, et, ce qui me semble contredire une pareille notion, c'est que, dans son traité traduit en 1823 par Léveillé, il conseille, fort peu judicieusement, mais en revanche avec une profonde insistance, l'emploi des collyres styptiques astringents contre les ulcérations de la cornée qui surviennent à la suite des ophthalmies des nouveau-nés. De plus (autre preuve contradictoire), dans son chapitre de l'ophthalmie simple, quand il parle du traitement de la deuxième période, il dit : « Lorsque le globe oculaire lui-même est le siége de petits ulcères, on « pratique avec succès l'instillation ou des lotions avec une solution « tiède de *pierre divine* et un peu de laudanum de Sydenham. *Lorsque la suppuration sanieuse menace en même temps les parties environnantes, il est bon d'ajouter à la pierre divine un peu de sucre de plomb.* » Une pareille recommandation, si elle était suivie à la lettre, conduirait certainement au développement de l'affection qui nous occupe ; il n'est donc pas possible d'admettre que Weller ait eu à cette date notion des conséquences terribles auxquelles il s'exposait en traçant de semblables règles.

Je suis, dès lors, porté à admettre que si Weller a eu connaissance de ce fait jusqu'alors inconnu, il ne l'a formulé que postérieurement à cette date dans des écrits périodiques dont je n'ai pu trouver la trace. Et encore faut-il admettre ce rectificatif avec beaucoup de réserve, car Sichel, dans son Complément à Weller, paru quatorze ans plus tard, en 1837, ne dit pas un mot qui ait trait à cette notion. Quoi qu'il en soit, du reste, il n'en demeure pas moins certain qu'à partir de 1823 les chirurgiens commencent à s'occuper des dangers d'un traitement jusque-là considéré comme souverain et à faire des réserves sur l'opportunité de son application dans des circonstances qu'ils s'efforcent de bien déterminer. La première indication bien formelle de cette nécessité se trouve formulée classiquement dans Mackensie (1843). Comme on le voit, cette petite conquête en oculistique est toute récente ; il n'y a donc rien de surprenant à ce que le sujet n'ait pas été épuisé de prime abord et que de nombreuses lacunes soient encore à combler dans l'étude médicale d'une affection toute particulière et qui est appelée dans un avenir prochain, nous devons l'espérer, à disparaitre à peu près complétement du cadre nosologique.

(1) *Traité théorique et pratique des maladies des yeux.* t. II. p. 333, 2e édition.

De 1830 à 1872, de nombreux travaux ont été publiés sur les opacités de la cornée ; mais, à vrai dire, celles qui nous occupent tiennent bien peu de place dans ces recherches consciencieuses, presque toutes émanées des chirurgiens les plus habiles de nos temps ; faut-il en conclure, comme je me le suis déjà demandé, que l'affection devient moins commune ? Je ne saurais le croire, et si j'avais d'autres raisons à joindre à celles que j'ai déjà fait valoir, j'ajouterais ceci : l'intérêt bien légitime qu'inspire l'étude si peu élucidée des taches de la cornée, provenant de causes d'un autre ordre, doit être la raison prédominante de cet abandon. Personne ne s'étonnera donc outre mesure de voir les observateurs laisser dans l'ombre une question qui n'est pour ainsi dire qu'une dépendance de celle que les plus anciens auteurs mêmes ont eu à cœur de traiter et qui est restée cependant encore bien obscure : je veux parler de l'étude générale sur les *opacités cornéennes*.

DIVISION DU SUJET. — Les taches métalliques de la cornée peuvent se ranger sous deux chefs bien distincts :

1° Celles qui proviennent de l'emploi intempestif des substances caustiques ou résolutives (argentiques, plombiques, zinciques, etc.), employées ou en solution ou sous forme de collyres secs, soit encore de l'emploi de collyres résineux. Ces taches sont presque toujours imputables à l'ignorance du médecin ou à son incurie ;

2° Celles qui sont le résultat de l'introduction accidentelle de laits calcaires, de sulfate de chaux anhydre et autres caustiques sur la surface oculaire.

Les unes et les autres sont curables, mais elles exigent un traitement spécial qui n'a rien de commun avec celui qui est employé dans le plus grand nombre de cas pour les taies d'une origine kératitique. Les premières sont les plus nombreuses, quoique les moins étudiées; elles devront nous occuper spécialement. Les secondes sont plus rares et déjà à peu près suffisamment connues ; néanmoins, quelques circonstances relatives a l'étiologie de cette affection m'ont paru être restées dans l'ombre, et c'est ce qui m'a engagé à y revenir pour en compléter l'histoire autant qu'il a été en mon pouvoir.

Taches provoquées par l'action des caustiques. — Après les travaux remarquables de Gosselin (*Archives générales de médecine*, nov. 1855, page 513) sur le diagnostic, la marche et le traitement de l'affection qui suit l'introduction de laits calcaires dans l'œil, il ne reste rien à ajouter à la matière ; mais l'auteur de cette étude consciencieuse, de cette étude que les connaissances iatrochimiques sont surtout venues rendre fertile, ne semble pas avoir eu connaissance des accidents graves qui sont la conséquence de la projection du gypse sur la cornée. Gosselin s'est occupé exclusivement des désordres caractéristiques qui, chez quelques maçons, ont été déterminés par la chute d'un lait de chaux dans l'œil. Un accident du même genre, quoiqu'avec des suites plus graves, est réservé aux plâtriers; mais ceux-ci, il faut le reconnaître, y sont moins exposés que les premiers, et chez eux c'est un malheur assez rare.

Je n'ai à fournir dans ce genre qu'une seule observation : je lui accorde une certaine importance par cela même qu'elle m'a révélé un fait, sinon inconnu, du moins dont aucun observateur, que je sache, n'a parlé jusqu'ici.

En 1870, à Lorient (Morbihan), j'eus l'occasion de voir un plâtrier qui se plaignait d'avoir perdu l'œil à la suite d'une introduction violente de plâtre dans cet organe. Je fus tout d'abord très-étonné de voir des désordres aussi graves attribués à la présence d'un corps en apparence inerte et qui l'est très-certainement par son insolubilité dès qu'il a été artificiellement hydraté ; mais d'autres renseignements me mirent sur la trace de la vérité. Une poignée de poudre de gypse avait été jetée en jouant à la face du jeune ouvrier par un apprenti, et la perte de l'œil avait été la conséquence de cette cruelle plaisanterie. Le fait s'explique très-bien en tenant compte de l'avidité de ce composé pour l'eau ; il y a une action quasi caustique déterminée à la surface de la muqueuse, d'où découle l'opacification rapide de la cornée.

En somme, l'accident rappelle un peu celui que produit le contact de la chaux anhydre, avec cette différence que l'intensité de l'action est ici bien moindre. Avec la chaux caustique le contact foudroyant a pour conséquence immédiate la formation d'une vraie eschare, résultat de la destruction organique déterminée par le pouvoir exosmotique de l'oxyde calcaire. Quoique le lait de chaux produise des accidents à peu près semblables à ceux du gypse, les actions de ces deux corps ne sont pas absolument identiques : nous le verrons en analysant les diverses phases du phénomène. Le sulfate de chaux, en effet, peut être considéré comme insoluble dans les sécrétions lacrymales (1); dès lors il ne peut être admis pour ce corps, comme Gosselin l'a prouvé pour l'eau de chaux, que l'obscurcissement cornéen soit le fait de l'imbibition cellulaire et du dépôt interstitiel ou nucléaire, dont nous étudierons le mécanisme en parlant des taches plombiques. Nous rappellerons au moins sommairement alors les faits que Gosselin a signalés.

_____

(1) Le gypse, à peu près insoluble dans l'eau, se dissout davantage dans les solutions saturées de chlorure de sodium et d'autres sels. Nous savons que les larmes renferment une quantité appréciable de sel marin, mais nous ne tiendrons pas compte de cette solubilité qui n'influe en rien sur le phénomène que nous étudions.

Il faut donc rechercher la cause de l'obscurcissement cornéen dans l'action dialytique du caustique, et c'est ce que j'ai entrepris de prouver en faisant quelques expériences sur de jeunes chats que je pouvais sacrifier à loisir. Après une première insufflation de poudre anhydre, en général, une injection très-rapide de la conjonctive se produisait, et en moins de quelques minutes tous les phénomènes d'une inflammation profonde se montraient. Une heure après l'introduction du corps étranger, la cornée était prise presque en totalité, l'opacification se propageant du centre, c'est-à-dire du point le moins résistant, vers la circonférence, qui présente la plus grande épaisseur. Dans certains cas, après deux minutes d'action, j'eus soin d'enlever le caustique en pratiquant un lavage à grande eau au moyen d'une douche oculaire ; mais cette précaution était inutile, car l'hydratation était produite déjà aux dépens de la surface conjonctivale. Le processus inflammatoire, on le comprend aisément, n'en continuait pas moins sa marche en présence ou en l'absence du sulfate de chaux. Dans tous les cas, l'opacification fut bien manifeste quand la quantité de caustique était suffisante pour recouvrir toute la surface conjonctivale. J'ajouterai qu'après la douche immédiate la taie occupait une surface plus restreinte.

Je crois inutile de dire ici que j'employai en vain la solution de sucre pour faire disparaître la tache une fois produite : je m'attendais à cet insuccès. Ces opacités sont, je l'ai dit, d'une nature toute différente de celles produites par l'infiltration calcaire, et bien autrement graves qu'elles : les ressources de la thérapeutique à leur égard demeurent très-restreintes, mais moins encore que pour celles qui proviennent de l'action de la chaux caustique.

Dans les troubles produits par ce dernier corps, nous avons deux phases du phénomène à considérer :

La première consiste dans une action escharotique instantanée, c'est un emprunt forcé de liquide aux parties superficielles du globe oculaire ; la deuxième, en une infiltration de la solution calcaire à travers les éléments cellulaires qui, ayant pu échapper à la rapidité de la première période, en sont devenus d'autant plus propres à *l'action endosmotique*. C'est le cas le plus compliqué, entraînant par conséquent les troubles les plus complexes.

Quand il s'agit de l'eau de chaux, nous n'avons affaire qu'à la seconde phase du phénomène : *absorption cellulaire*. Quand, au contraire, nous observons l'action du sulfate de chaux anhydre, la première seule doit nous occuper : *l'action exosmotique*.

Pour donner à ce raisonnement toute sa valeur, il fallait y joindre la consécration expérimentale. Je me suis assuré, au moyen de coupes antéro-postérieures faites en différents sens sur la cornée des animaux sacrifiés, que l'action du caustique qui nous occupe ne portait que sur l'épithélium cornéen dont les couches cellulaires perdent en totalité leur eau de composition. Leur membrane d'enveloppe se ramasse de façon à se toucher par tous les points et à ne présenter en quelque sorte qu'une seule dimension en longueur. J'ai pu, sur mes tableaux schématiques, non reproduits ici, tracer l'ensemble des faits que présente le plus généralement l'altération vue au microscope, avec un grossissement de 500 diamètres. Les noyaux et les nucléoles ont complétement disparu sur toute l'épaisseur de la couche, et à peine peut-on distinguer entre les feuillets d'enveloppe une petite masse amorphe qui représente la trace de ces éléments primordiaux atrophiés. Au-dessous de la première couche, on remarque dans la lame élastique de Bowmann quelques opacifications discrètes et disposées en plaques si légères qu'elles peuvent à peine, par leur présence, constituer ce trouble léger connu des auteurs sous le nom de *néphélion*. Je n'en tiens aucun compte, parce qu'elles ne sont pas constantes.

Ce qui est plus caractéristique de l'affection qui nous occupe, c'est que la cornée n'est, en général, pas atteinte dans sa totalité, les bords restent volontiers transparents, et c'est là une circonstance favorable que nous aurons à exploiter quand il s'agira du seul traitement vraiment efficace de ce trouble superficiel. Le contraste qui existe entre les cellules centrales et celles de la périphérie ne me semble pas pouvoir etre interprété de deux façons ; l'opacification ne doit etre que le résultat, d'une part, de la disparition de l'eau de nutrition indispensable à la vie des éléments cellulaires, et de l'autre de la précipitation sur la membrane d'enveloppe des substances de natures diverses (carbonates, phosphates, chlorures, etc.) auxquelles cette eau sert de véhicule. Si l'alteration reste superficielle, il faut l'attribuer uniquement à la rapidite de l'action du caustique et à son impuissance dès qu'il a acquis le degré d'hydratation qu'il réclame. En somme, l'opacité déterminée par la présence du gypse est toujours superficielle et entre dans les genres *néphélion* et *albugo*, si on veut bien admettre la classification anatomique de ces altérations suivie par la plupart des auteurs.

Arrivons au traitement. On comprend déjà qu'il est bien difficile à formuler. Il serait irrationnel, bien entendu, de le chercher dans l'emploi d'une de ces substances chimiques capables de déterminer une réaction bien combinée au sein du laboratoire cellulaire ; l'étude à laquelle nous venons de nous livrer nous le défend ; il ne nous resterait donc ici, si nous croyons sincèrement à leur efficacité,

qu'à recommander l'emploi de cette série interminable de médica-
ments qui, depuis des siècles, ont eu tour à tour un instant de faveur
pour tomber enfin dans un juste oubli, partageant ainsi la fortune des
heureux praticiens qui, de leur vivant, en avaient su tirer quelque
profit. A notre avis, si la tache est profonde, si l'*albugo* existe, il
faut profiter de la transparence que la cornée présente sur ses
bords et pratiquer l'*iridectomie* en supposant que la zone restée
indemne soit suffisante. C'est ce que nous aurions fait certainement
si le plâtrier dont nous venons de relater l'observation avait consenti
à subir cette opération.

Ce serait ici le cas, pour terminer ce premier chapitre, de dire un
mot de l'action du chlorure d'antimoine, qui, comme on le sait, est
employé assez communément dans l'industrie pour le bronzage des
canons de fusil, mais je n'ai jamais eu à constater cet accident
chez l'homme, et le peu que j'aurais à en dire serait tiré de mes
expériences, qui m'ont prouvé que cette action est entièrement comparable à celle que produit la chaux anhydre. La
substance peut être absorbée, mais sa solubilité doit en permettre l'élimination par les seules forces de la nature, et je ne pense
pas que, dans ce cas, il se produise un dépôt antimonique intra ou
extra-cellulaire. Ce sujet demande, du reste, de nouvelles études
expérimentales venant à l'appui d'observations cliniques : celles-ci
manquent absolument.

Taches déterminées par les sels métalliques. — Viennent maintenant les vraies taches métalliques, celles que nous avons rangées
sous le 1er chef et dont le traitement mérite toute l'attention des
praticiens. Nous parlerons particulièrement de celles qui résultent
de l'application de collyres *plombiques*, *argentiques* et *résineux*.

En thèse générale on peut dire qu'il ne se produit jamais de vraie
tache métallique sous l'influence de l'action de ces sels s'il ne s'est
pas formé au préalable sur la surface cornéenne une ulcération petite ou grande qui en permette l infiltration dans le tissu transparent ;
mais aussi, dès que cette solution de continuité existe, toutes les
chances d'absorption existent et alors la localisation du métal réduit est
dans d'excellentes conditions pour s'opérer. Elle s'opère le plus souvent. En général aussi, disons-le de suite, la réduction naturelle par
les tissus organiques et le dépôt du métal ont une plus grande ten-
dance à s'opérer dans les couches profondes que dans les couches
superficielles, si bien que c'est presque toujours dans les cellules
étoilées de la cornée (partie profonde) que l'on doit s'attendre à
trouver les gisements métalliques, causes de l'obscurcissement cor-

néen. Ces faits s'expliquent d'eux-mêmes : les membranes agissent d'autant mieux comme agents réducteurs qu'elles sont plus épaisses ; toutes choses égales d'ailleurs, on aura donc plus de chance de rencontrer un *leucoma* qu'un *néphélion* ou un *albugo métalliques*, surtout quand on opère sur des sels bien dissous, comme le nitrate d'argent ou l'acétate de plomb. Pour les matières résineuses qui sont seulement en suspension, dans le plus grand nombre des cas il en est autrement : leurs dépôts sont plus superficiels. Prenons maintenant un à un les divers sels à bases métalliques les plus employés et dont nous avons étudié l'action. Mais tout d'abord je dois faire connaître le moyen auquel j'ai dû recourir pour arriver à déterminer une phlyctène d'abord et une ulcération de la cornée ensuite. Un subterfuge seul me pouvait permettre d'obtenir ce résultat. J'y réussis en insufflant rapidement avec un tube dans l'œil de l'animal mis en expérimentation (lapin ou cobaye) une petite parcelle compacte d'acide arsénieux ; le soulèvement de la conjonctive se produisait sur-le-champ, je lavais à grande eau et le lendemain ou le surlendemain l'ulcération était produite sur le point même où le caustique avait porté. Je me suis servi du collyre à l'*extrait de saturne* (celui dont on a usé et abusé le plus après le nitrate d'argent) à la dose de 0 gr. 20 pour 30 gr. d'eau distillée ou d'eau ordinaire. Dans les deux cas les résultats, on le comprend sans peine, n'ont pas été absolument les mêmes. Généralement, après dix jours d'instillation de collyre à l'eau distillée ou à l'eau ordinaire, la transparence du tissu était troublée. Examinons méthodiquement ce qui s'était produit dans les différents cas.

1° Quand j'avais agi sur une phlyctène qui n'intéressait que la couche épithéliale antérieure de la cornée, le plus généralement avec le collyre à l'eau distillée, la réparation se produisait rapidement et le nouvel épithélium de formation récente gardait une simple apparence troublée ; la taie était opaline et peu sensible; la vision devait être assez nette. Dans le cas où le collyre à l'eau ordinaire avait été employé, le dépôt était plus manifeste ; la vision devait être moins nette. Mais nous n'avions encore qu'un néphélion.

2° Quand la phlyctène embrassait les deux premières couches, le tissu cicatriciel, qui s'était formé très-lentement, était atteint, non-seulement dans l'épithélium et la lame élastique antérieure, mais encore dans les cellules étoilées. Ces altérations étaient plus visibles encore, surtout celles de la deuxième couche, quand on employait la solution limpide à l'eau ordinaire. C'était un *leucoma* léger.

3° Enfin quand la phlyctène plus épaisse intéressait les 3 couches superficielles (elle ne va jamais plus loin, et cette dernière n'est at-

teinte que partiellement), les cellules étoilées devenaient le lieu
d'élection du dépôt métallique. Nous avions avec les deux solutions indistinctement un *leucoma très-profond*, car toute la zone
de cellules étoilées était alors envahie : ceci différencie nettement
ce cas du précédent, dans lequel quelques cellules superficielles

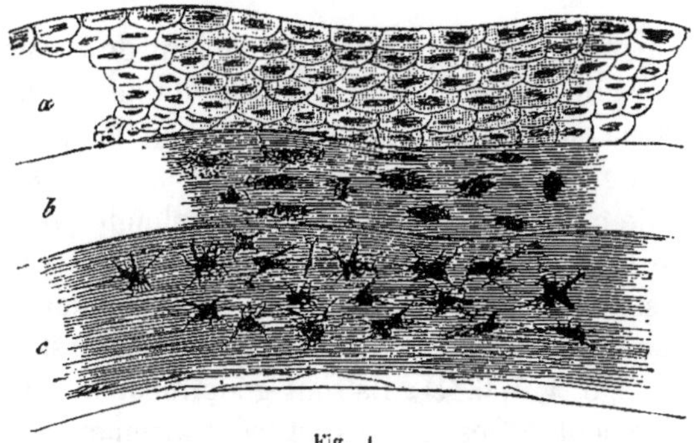

Fig. 1.

seulement sont imprégnées. Comment se dépose ce plomb au sein
des couches dans les 3 cas que nous venons d'examiner ?

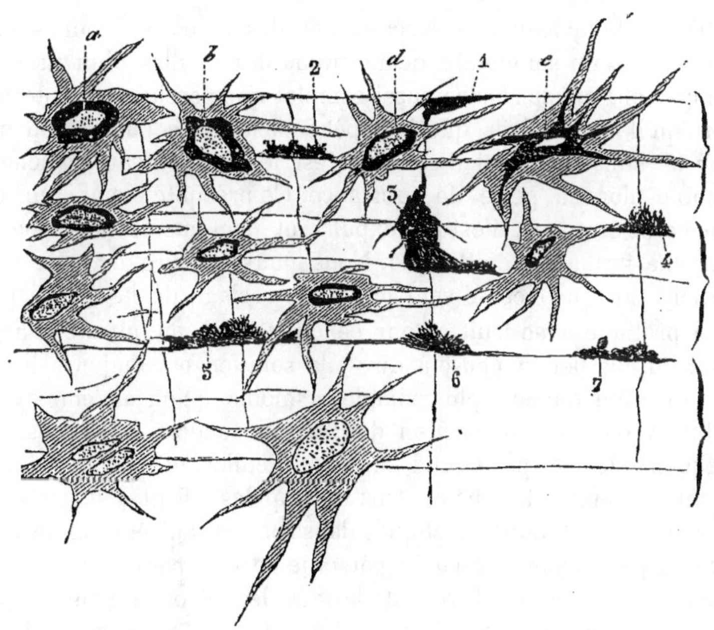

Fig. 2.

Dans l'épithélium antérieur (*fig.* 1, *a*), c'est le noyau de la cellule qui s'agrandit et devient opalescent ; il est le siége du dépôt ;
dans les lames élastiques antérieures (*fig.* 1, *b*), le plomb se dis-

pose par strates plus ou moins épaisses et sans ordre spécial ; enfin, dans la troisième couche (*fig.* 1, *c*), ce sont les cellules étoilées et les interstices cellulaires qui l'accumulent, ainsi que c'est indiqué par la figure 2 (ces éléments y sont dessinés avec un grossissement de 550 diamètres). Voici ce qui résulte de l'étude de cette coupe :

Les cellules les plus rapprochées de la lame de Bowmann sont les plus atteintes ; les noyaux sont entourés d'une auréole métallique (*fig.* 2. *d*), dont on peut déterminer la disparition par l'action d'un agent chimique, un acide par exemple, et surtout l'acide acétique. Dans la cellule *c* de la première rangée, le plomb s'irradie dans les branches de la cellule, mais cette disposition est rare ; ce qui est constant, c'est que le centre du noyau est toujours indemne (*fig.* 2, *a*, *b*). D'autres gisements se voient çà et là dans les interstices cellulaires (*fig.* 2. — 1, 2, 3, 4, 5, 6, 7) ; ils sont généralement placés au point d'entre-croisement de ces assises, et, contrairement à ce qui se passe dans les noyaux, ils deviennent plus considérables à mesure qu'on s'éloigne de la lame élastique antérieure.

Tel est le tableau très-succinct des désordres déterminés par la réduction d'un sel métallique au milieu des mailles d'un tissu très-compacte. Pour le rendre aussi complet que possible, j'ajouterai encore qu'il peut arriver que le dépôt se fasse dans l'ulcération meme par la substance mal d'ssoute (c'est le cas de l'eau blanche) qui comble alors la perte de substance. Ce précipité plombique, quoique corps étranger, n'est pas expulsé et peut meme être recouvert par une formation épithéliale. Nous pouvons dire de suite et par anticipation que c'est le seul cas où le raclage de la cornée puisse etre pratiqué avec fruit. Pour ce qui touche au nitrate d'argent, nous aurons peu de chose à dire : la solution est toujours limpide, et le cas en devient plus simple, à moins qu'on ait employé une solution réduite par l'action des rayons solaires, ce qui est assez fréquent. Je n'ai pas étudié ce cas particulier, et ce que j'ai à dire s'applique aux solutions neutres et limpides. Toutes les fois qu'on emploie ces solutions caustiques dans le cas de l'ulcération de la cornée, on peut s'attendre à un dépôt, et je ne parle pas du *chlorure d'argent* qui se forme à la faveur de larmes, lequel est toujours expulsé, mais bien du dépôt métallique. L'argent réduit va former gisement dans les parties interstitielles des cellules étoilées et point ailleurs. Ce fait avait déjà été observé par Wecker, qui a donné une figure de ces dépôts extra-cellulaires. Le chlorure d'argent peut, dans quelques cas, occasionner des dépôts superficiels, mais ils sont très-difficiles à bien observer, et je ne suis pas convaincu de ne pas avoir erré dans mes recherches sur ce point.

Il en est tout autrement des substances de nature résineuse qu'on introduisait autrefois dans les collyres et qui formaient facilement des dépôts superficiels d'une matière spéciale : ils sont toujours facilement reconnaissables à la couleur particulière qu'ils donnent à la tache cornéenne. Avec la *résine de Kina*, par exemple, elle est rouge, et noire avec la *poix-résine*. Ces substances, qui ne sont point dissoutes, ne peuvent cheminer à travers les tissus ; aussi les trouve-t-on toujours à l'état de dépôt sous-épithélial qu'on peut facilement atteindre, soit par un dissolvant approprié, soit par un instrument propre à déterminer le raclage. En général, ce dépôt atteint à peine la lame élastique antérieure ; du reste, c'est un corps tout à fait étranger, et il ne peut prendre une très-grande épaisseur quand il doit être revetu par le tissu épithélial. Disons-le encore, ce cas nous intéresse peu, car heureusement l'accident n'est plus à redouter de nos jours.

Traitement. — J'ai dit déjà que cette question avait été peu étudiée ; les auteurs sont en effet à peu près muets sur le traitement à opposer, même quand la nature de l'altération est bien reconnue. Sichel, dans son Complément à Weller, ne parle pas même des accidents plombiques. Mackensie (édition française de 1844) reconnaît la cause efficiente de l'acétate de plomb, et à ce propos, après avoir blâmé l'emploi de ce collyre dangereux dans les cas d'ophthalmies compliquées d'ulcérations cornéennes, il indique uniformément comme traitement le grattage de la cornée. Nous avons vu dans quel cas spécial ce moyen brutal est applicable. Il n'existe d'ailleurs à cet égard dans aucun traité un conseil qui mérite d'être relevé. La facilité avec laquelle j'étais arrivé à faire disparaître le plomb dans les préparations avec l'acide acétique dilué m'inspira l'idée d'employer cette substance en collyre contre les affections de cette nature. L'application, quoique faite avec succès, était d'abord mal supportée, et cependant je mettais en usage une solution au 10ᵉ d'acide pyroligneux du commerce. Je recourus alors à l'*acétate de soude* en solution à 0ᵍʳ,30 0/0, et le résultat, quoique à plus longue échéance, fut encore assuré. Après 30 à 35 jours d'application de ce dissolvant, la tache plombique était effacée (1). Le dissolvant avait hâté la ré-

(1) Pour ce qui concerne le plomb, mon expérimentation n'a pas exclusivement porté sur des animaux : j'ai soigné par ce procédé, à Nantes, deux femmes maltraitées par un confrère peu consciencieux et je suis arrivé, à force de patience, à les débarrasser absolument d'un *leucoma plombique* bien constaté.

sorption du gisement. Pour le nitrate d'argent, je me servis avec succès d'un collyre à l'*hyposulfite de soude* à 1 gr. pour 30 ; là l'expérimentation fut encore très-longue, mais elle aboutit également à un succès. Je n'ai pas eu encore entre les mains un malade atteint de tache argentique bien constatée, mais je ne doute pas que ce traitement soit aussi efficace que le précédent. J'ai choisi les sels de soude parce qu'ils s'accommodent mieux aux humeurs de l'économie, mais les sels de potasse conviennent également.

Restent les taches de nature résineuse : nous savons qu'elles deviennent de plus en plus rares, parce qu'on a compris que l'introduction de matières résineuses dans les collyres n'avait rien de rationnel, et qu'on pouvait utiliser dans un but curatif des substances plus simples, plus inoffensives et plus actives. J'ai employé la *résine de Kina* et de la *poix-résine en poudre fine ;* dans tous les cas, je suis arrivé à faire disparaître la substance dans le tissu cornéen par l'emploi d'un collyre composé d'une partie d'eau et deux parties d'*alcool* à 30°. Le traitement est encore très-long : dans le cas où la substance s'est déposée et a rempli l'ulcère pour se recouvrir d'un épithélium, le grattage méthodique est naturellement indiqué.

CONCLUSIONS. — Pour résumer ce travail en quelques propositions principales, je dirai :

1° Les taches métalliques peuvent être des *néphélion*, des *albugo* et des *leucoma ;*

2° S'il s'agit d'un métal infiltré et déposé par réduction profonde, il faut employer un dissolvant approprié qui aille le prendre au sein des tissus : pour le *plomb*, c'est l'*acétate de soude ;* pour l'*argent*, c'est l'*hyposulfite de soude ou de potasse* que je conseille.

3° S'il s'agit d'un métal ou d'une combinaison déposée superficiellement et enclavée sous l'épithélium, il faut opérer le raclage ; après la disparition du corps étranger, la cicatrisation est sûre : on peut la hâter par l'insufflation du calomel, qui ne détermine jamais de dépôt ;

4° Les dépôts résineux, toujours reconnaissables à leur coloration, doivent être traités par l'*alcool* faible. Tous ces traitements demandent une grande patience de la part du malade et du médecin ;

5° Les accidents déterminés par le gypse anhydre sont de même nature que ceux qu'on observe après l'introduction de la chaux, à l'intensité près ; il n'y a jamais autre chose qu'altération cellulaire par emprunt forcé de liquide ; la pénétration de la substance ne peut pas se produire, à cause de son insolubilité ; aucun traitement chimique n'est applicable à ces accidents. Ces désordres ne constituent pas à vrai dire un *tache métallique* ; s'ils ont été rangés dans cette catégorie, c'est parce que, *originellement*, ils proviennent du contact (non de l'absorption) d'une substance de nature métallique : le sulfate de chaux.

Clichy. — Impr. Paul Dupont, rue du Bac-d'Asnières, 12. (870, 6-4.)